재난에서 반드시 생존하라!
탁주쪼꼬
생존게임
1 지진

원작 **탁주쪼꼬**

구독자 133만 명 게임 유튜브 채널, 탁주쪼꼬! 탁주쪼꼬는 장난꾸러기 탁주와 말썽쟁이 쪼꼬, 매력 만점 악동 남매가 진행하는 게임 채널입니다. 로블록스부터 마인크래프트까지, 오늘도 탁주 쪼꼬 콤비와 함께 인기 게임 속 세상으로 빠져 볼까요?

글 **이람이**

국어국문학과를 졸업하고 어린이책 편집자로 일했습니다. 지금은 어린이를 위한 책을 쓰며 유쾌하고 따뜻한 이야기를 전하는 일에 도전하고 있습니다. 쓴 책으로 《탁주 쪼꼬 우리말 끝판왕 3》, 《브레드이발소 빵탈출》, 《백앤아 GO GO 챌린지 GO!》 등이 있습니다.

그림 **라임스튜디오**

오렌지처럼 상큼달달한 꿈을 그리는 작가입니다. 그린 책으로는 《민쩌미의 쩜그레》, 《좀비고등학교 코믹스》, 《요미월드》, 《옐언니》, 《집사TV 우리말 타워 대탈출》 등이 있습니다.

감수 **홍태경**

연세대학교 지구시스템과학과 교수입니다. 기상청 정책자문위원, 소방방재청 정책자문위원, 원자력안전재단 이사, 원자력안전위원회 전문위원, 연세대학교 대학원 부원장, 대한지질학회 부회장, 한국지구물리·물리탐사학회 이사, KBS 재난방송전문위원, YTN 재난위원 등을 역임했습니다. 지은 책으로 《흔들림 없이 이해하는 지진의 과학》, 《지구인도 모르는 지구》(공저)가 있습니다.

원작 탁주쪼꼬 글 이람이 그림 라임스튜디오 감수 홍태경

대원키즈

등장인물

탁주

게임을 좋아하는 장난꾸러기 초등학생!
항상 자신을 졸졸 쫓아다니며
귀찮게 구는 동생 쪼꼬를 놀리고
골탕 먹이지만, 사실은 세상 누구보다
동생을 좋아하는 듬직한 오빠.

쪼꼬

취미는 탁주의 초코빵 훔쳐 먹기,
특기는 탁주 따라 하기!
오빠 탁주와 만났다 하면 티격태격,
으르렁거리지만 사실은 세상 누구보다
오빠를 좋아하는 귀여운 동생.

러브

게임 속 세상 지진월드의 주민이자,
지진월드를 관리하는 프로그래머.
지진의 원인인 버그를 잡기 위해
탁주와 쪼꼬를 지진월드로 부른다.

차례

1장 수상한 초대

탁주 쪼꼬의 랜덤 재난 게임!
어떤 재난이 와도 여기서 떨어지면 안 돼!
좋아! 어떤 고난이든 이겨 주겠어!

으악! 흔들린다!
이번 재난은 지진이야!

으악!
안 돼!
GAME OVER

아싸!
이번 게임도
내가 이겼네!

치잇!

오늘도 어김없이 게임에서 이긴 탁주는
의기양양했어.

어때?
난 진짜 지진이 일어나도
잘 살아남을 거야!

잘난 척은!
으, 얄미워!

으쓱

그때 갑자기 휴대폰에
메시지가 하나 떴어.

어?
누가 메시지를
보냈는데?

띠링

러브
이인월드로 지동할래?
힌트: ㅇ ⟷ ㅈ
YES
NO

아하!
이건 ㅇ과 ㅈ을
서로 바꾸라는 것 같아.
그럼 메시지는….

이인줠드로 지돚할래?

지진월드로 이동할래?

"지진월드로 이동할래?"가 되네!

야!
그렇다고 바로
YES를 누르면
어떡해?

뭐 어때?
게임일 뿐인데!

쪼꼬 말대로 별다른 일이
생기지 않는 것 같았어.
그런데 잠시 후….

부르르르..

어?
뭐지?

드드드득
헉!
휴대폰이 마구
자라고 있어!

입구
들어와!
지금 이 안으로
들어오라는 건가?
엄청
수상한데!

번쩍
응?

쯔욱
꺄악!

휘리릭..
윽, 우리를
데려가려고 해!

으아아..
빙글
빙글
어지러워…

쿠
웅
엄마야!
두둥
헉!
여긴 어디지?
완전 다른 곳으로
이동했어!
이거
꿈 아니지?
두리번
두리번
부비적

난
러브라고 해!

누구?
아는 사람 중에
이런 독특한 스타일의
소유자는 없는데….

짜잔

잠깐,
'러브'라고?

네가
아까 그 메시지를
보낸 거지?
러브
이인월드로
맞아!
내가 너희를
여기로 불렀어.

그렇다면
여긴….
응!
여긴 인터넷의
가상 세계야.

그리고 난 이 월드의 주민이자,
이곳을 관리하는
프로그래머지!
그러니까
이 세계가 잘 유지되도록
돕는 역할인 거네!
뭔가
멋지다!

러브는 차근차근 월드가 처한 상황을 설명했어.

이곳의 원래 이름은
'피스월드'야.
이름 그대로 평화와 사랑으로
가득한 곳이었지.

그런데
*버그가 나타나면서
하루에도 몇 번씩
지진이 나기 시작했어.

우르릉

쾅쾅

쾅

꺄아아아!

*버그 : 컴퓨터 프로그램이나 시스템의 오류.

처음에는 러브 혼자서 이 세계를 고쳐 보려 했어.
하지만 혼자 힘으로는 무리라고 느껴 도와줄 사람을 찾기 시작했는데….

그때 딱 내 눈에 띈 게 너희였지!

너희라면 날 도울 능력이
충분해 보였어!
그래서 이 세계로 부른 거야!
흠, 근데
우리가 지금은
좀 바쁜데….

아, 맞아!
난 친구들이랑
약속도 있어!
미안하지만,
우리 그냥 집에
보내 주라!
으음, 그게….

사실 지금
당장은 못 돌아가.
뭐?
왜?

내가 너희를 초대한 후에
또 다른 버그가 생겨서
현실 세계로 돌아가는 출구가
닫혀 버렸거든.
긁적

헉!
그럼 평생 여기 갇혀 살아야 하는 거야?
아니야! 나를 도와 버그를 없애면 돼!

그럼 지진이 멈춰서 월드가 다시 평화로워질 거고, 출구도 열려서 너희도 돌아갈 수 있어!
휴, 그럼 우리한테 선택지는 널 돕는 것밖에는 없네.

부탁 좀 할게! 응? 이 세계의 영웅이 되어 주라~!
좋아! 어려운 사람을 돕는 건 나 같은 영웅에게는 당연한 일이지!
뭐야? 벌써 영웅이 된 거냐….

그래. 이왕 이렇게 된 거 빨리 버그를 찾아 없애자!
근데 버그는 어디에 있어? 그것부터 알아야지!

버그는 총 3개! 월드 곳곳에 숨어 있어!
그럼 찾기 쉽지 않겠다.

다행히 내 휴대폰에 버그 위치가 실시간으로 감지되는 기능이 있어.
오호! 그럼 어디부터 가면 돼?

여기서
가장 가까이 있는 버그부터
없애러 가자!
첫 번째 버그는
'하트시티'에 있어!

오케이!
하트시티로 출발!

잠깐!
뭔가 이상해!

타닥
타닥

우르르
앗,
땅이 흔들려!
흔들

소 떼가
이동하고 있어!
그래서
땅이 흔들린 거구나!
우르르르
다그닥
다그닥
꺄아악!
뱀이다, 뱀!
무서워!
헉!
단체로 똬리를
틀고 있네!

이거 혹시
지진의 전조 현상인가?
동물들은 지진을
미리 안다는 얘기가 있잖아.
실제로 여러 나라에서
지진이 나기 전에
동물의 *이상 행동이
보고된 적이 있어.
새
갑자기 날아오름.
멍
개
짖음. 도망다님.
개구리
떼 지어 이동함.
물고기
수면 위로 튀어 오름.
떼로 죽음.
*이상 행동 : 사회적으로 가치가 없거나 일상생활에 적합하지 않은 행동.

하지만 동물의 이상 행동이
지진의 전조 현상이라는
뚜렷한 과학적 증거는
아직 밝혀지지 않았어.

다만 동물의 감각은
인간보다 매우 뛰어나니까
우리가 미처 느끼지 못하는
작은 지진을 감지하는 게 아닐까
짐작하고 있지.

멍멍!
미세한 진동이
느껴져!

난
모르겠는데?

그나저나 여기저기
소랑 뱀이 길을 차지하고 있어서
하트시티까지 가기 어렵겠는걸!

최대한 조심조심
동물들을 피해서
초원을 빠져나가자!

초원을 탈출하라!

지진 때문에 뱀과 소가 예민해져서 만나면 위험해!
동물을 피해 무사히 초원을 빠져나가 보자.

지진의 전조 현상

지진이 발생할 때 종종 동물들은 이상 행동을 보인다. 이외에도 지진의 전조 현상에는 어떤 것들이 있을까? 함께 알아보자.

지진광 발생

대규모 지진이 발생할 때 하늘에서 빛이 번쩍이는 현상.

지하수 변화

땅속에 흐르는 물인 지하수의 높이나 색, 수온이 급격하게 변하는 현상.

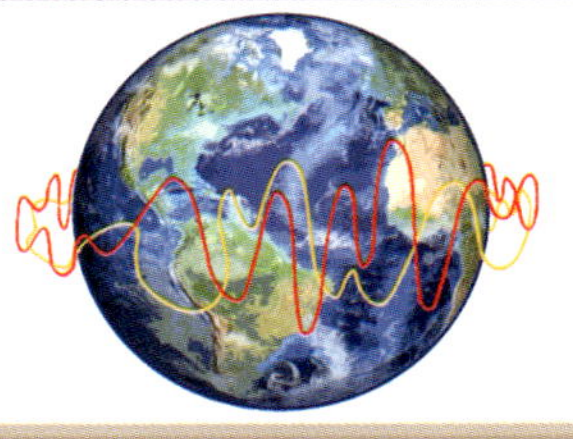

전자기장 변화

지구에는 전기장, 자기장과 같은 고주파수 파동이 꾸준히 발생하는데, 이 파동에 급격한 변화가 생기는 현상.

*지진운이 생기거나
*라돈 가스가 늘어나는 현상도 있어.
이 현상들은 완벽한 지진 전조 현상으로
증명되지는 못했어.
전조 현상 연구는 지진 예측을 통해
피해를 최소화할 수 있는
중요한 연구야.

전조 현상이 빨리 밝혀져서
지진을 조금이라도
더 미리 알 수 있다면 좋겠다!

*지진운 : 지진이 일어나기 전에 나타난다는 구름.
*라돈 가스 : 천연 우라늄의 물리학적 붕괴로 발생하는 방사성 가스.

잃어버린 소를 찾아서

목장을 운영하는 마크 씨가 지진으로 소를 잃어 버렸다.
마크 씨의 소를 찾으려면 몇 번으로 내려가야 할까?

2장 공포의 지진 발생!
탁주 일행은 초원을 무사히 빠져나와
목적지에 도착했어.
여기가
하트시티야!
와! 높은 건물이
엄청 많네!
근데 분위기가 썰렁하네.
사람도 별로 없고….
하트시티는
월드를 대표하는 수도야.
전에는 거리에 발 디딜 틈 없이
사람들로 가득했어.

그런데 지진은 특정 지역에서 유난히 활발하게 일어나서 이를 모아 보면 띠 모양을 이뤄. 이걸 지진대라고 해.

지구를 예로 들면 환태평양 지진대와 알프스-히말라야 지진대가 대표적이지.

환태평양 지진대

태평양을 둘러싸고 있는 지역으로, 세계에서 가장 큰 지진대이며 거대 지진의 대부분이 여기서 발생한다. 지진 국가로 잘 알려진 일본이 여기에 속한다.

알프스-히말라야 지진대

알프스, 히말라야 산맥을 거쳐 인도네시아에 이르는 지역.

그러니까 쉽게 말하면
하트시티는 지진이 자주 일어나는
지역이라는 거지?
응. 그래서 사람들이
많이 떠나고 쓸쓸한
도시가 된 거야.

버그를
빨리 잡아서 이곳을
다시 인기 도시로
만들어 주자!
그런데 버그는
어떻게 생겼어?
그걸 알아야
찾을 텐데….

버그는 곤충, 거미, 지네 같은
벌레로 변장을 하고 있는데,
평범한 벌레는 아니고
모습이 조금 특이해.
아마 보면 딱 알 거야!
으! 왜 하필
벌레 모양이야….

탁주 일행은 엘리베이터를 타고
넓은 사무실이 있는 30층에 도착했어.

지잉!

와! 사무실 멋지다! 나도 나중에 이런 큰 건물에서 일하고 싶어!

헷! 과연 네가?

쿠쿵쿠쿵

흐익!

물건이 전부 떨어지고 있어!

뭐, 뭐지? 이번에도 동물들이 이동하나?

후드득!

쨍그랑!

도심에 웬 동물! 이번엔 진짜 지진이야!

헉! 규모 6의 지진이야!

뻑

긴급재난문자

긴급재난문자

[하트시티] 금일 10:00 하트시티 규모 6.0 지진 발생. 낙하물로부터 몸 보호, 진동 멈춘 후 야외 대피.

어, 어떡해!

시, 심각한 거지?

퍽
악!
털썩
휘익
헉!
쨍그랑

아….
날 구해 주려고
민 거구나!
조명에
맞을 뻔했어!

지진으로 땅이 흔들리고 있을 때 섣부르게 움직이면 떨어지는 물체에 맞아 다칠 수 있어!
그러니까 우선 책상 같은 단단한 가구 밑으로 들어가 몸을 보호해야 해.
얼른 저기로 들어가자!

구르릉
흔들
흔들
으윽….
너무 어지러워!
빨리 멈췄으면…!

다행히 흔들림은 곧 잦아들었어.
이제 움직여도 되겠지?
응. 이렇게 흔들림이 멈췄을 때 재빨리 건물 밖으로 빠져나가야 해!

좋아.
얼른 가자!
턱
자,
잠깐만…!

나, 나 도저히 다리에
힘이 안 들어가서
못 일어나겠어….
엥?

재난 게임할 때의
패기는 어디 갔어!
물구나무까지 서더니!

그건 게임이고!
직접 지진을 겪어 보니
완전 달라!
이렇게 무서울 줄이야!

그렇다고 그대로 건물 안에 있기에는 너무 위험했어.
그래서 쪼꼬는 꼼수를 떠올렸지.
안되겠다.
오빠가 힘이 번쩍 나게
해 줘야지…!

뭐어? 쪼꼬,
너어 진짜…!!!!

화르륵

벌떡

오옷! 탁주,
일어났네!

엥?

엇! 갑자기 다리에
힘이 생겼어!
킥킥! 역시 오빠
열받게 하는 건
내가 선수지.

에휴! 그건 집에
돌아가서 얘기하자!
내 덕에 좋아졌잖아.
그럼 됐지 뭐!
말싸움 그만하고
빨리 나가자!

어디 비상계단이
있을 텐데!
두리번
엥? 웬 계단?
왔을 때처럼
엘리베이터를
타면 되지!

안 돼! 지진 위험이
있을 때 엘리베이터 사용은
절대 금지야!
왜?

지진의 충격으로
기계가 고장 날 수 있거든.
그럼 엘리베이터에 갇혀
더 위험해지는 거야!
그렇구나.
그럼 계단으로
가는 수밖에!

탁주 일행은 서둘러 비상구로 향했어.
그런데 비상구 앞에는 사람들이 모여서 안절부절못하고 있었어.
웅성
이게 뭐야!
이럼 탈출을 어떻게 해!
웅성
저기 사람들이 모여 있어. 무슨 일이지?
다들 나가지 않고, 여기서 뭐 하시는 거예요?
비상구가 자물쇠로 잠겨 있어!

*안전 불감증 : 안전할 거라는 착각에 빠져 위험에 대비하지 않는 증상.

그런데 우린 아무리 해도 못 풀겠어. 너희가 좀 도와줄래?

맡겨 주세요! 저희는 영웅이니까요!

왜 자꾸 영웅 타령이야. 어휴, 창피해!

탈출하려면 어쩔 수 없지. 빨리 풀자!

비상구 탈출

비상구 자물쇠를 풀려면 아래 버튼으로 긴급 구조 버튼을 누르시오!

7−4	3+2×2	4+2+1
3×0+6	(손 그림)−1	35÷7
53−(오이 그림)	0×24	1013−(천사 그림)
$\frac{4}{4}+\frac{8}{4}$	V+1	四+4

긴급 구조 번호는 119잖아!
비상구 탈출
비상구 자물쇠를 풀려면 아래 버튼으로 긴급 구조 버튼을 누르시오!
7−4
3+2×2
4+2+1
3×0+6
−1
35÷7
53−
0×24
1013−
$\frac{4}{4}+\frac{8}{4}$
V+1
四+4
맞아. 사고나 재해로 다쳤을 때는 119로 신고하면 돼!

근데 터치스크린에 119에 딱 맞는 숫자가 없는데?
각 버튼 안에 들어 있는 식을 풀어야 하는 것 같아.

아하! 그래서 그 답이 1이나 9여야 하는구나!
맞아. 그럼 1, 9가 되는 건 이 두 버튼이야!
엥? 숫자 말고도 그림이 섞여 있는데?

그림이 각각 '오이', '천사'잖아. 그러니까 이 글자의 발음을 숫자로 표현하면 '52', '1004'가 돼!
오이
52
천사
1004
그렇게 해서 식을 풀면 답이 1과 9네!
그럼 1을 두 번, 9를 한 번 누르면 되겠다!
빅빅
3+2×2
4+2+1
3×0+6
−1
35÷7
53−
0×24
1013−
V+1
四+4
빅

아싸!
성공!
자물쇠가 풀렸어!

순서를 지켜서
조심조심 내려가세요!

으응…. 계단을 빙글빙글
내려와서 그런가….
너무 어지러워.
하는 수 없지!
내가 업어 줄게!

나 좀 든든하지 않냐?
이런 오빠 없었으면
어쩔 뻔했어!

아까 다리에
힘 빠져서 못 일어나던
사람이 누구더라~.

빨리 업혀!
으응.
고마워…!

응?
꾸물 꾸물
꺄아아악
두둥
무, 무슨 일이야?
오, 오빠 등에
무당벌레가 붙어 있어!
후다다닥

그런데 자세히 보니 탁주 등에 붙은 무당벌레는 일반 무당벌레와는 달랐어.

잠깐. 근데 얘 좀 신기하네? 픽셀 모양으로 생겼어!

앗! 그렇다면 혹시…?

맞아! 우리가 찾던 첫 번째 버그야!

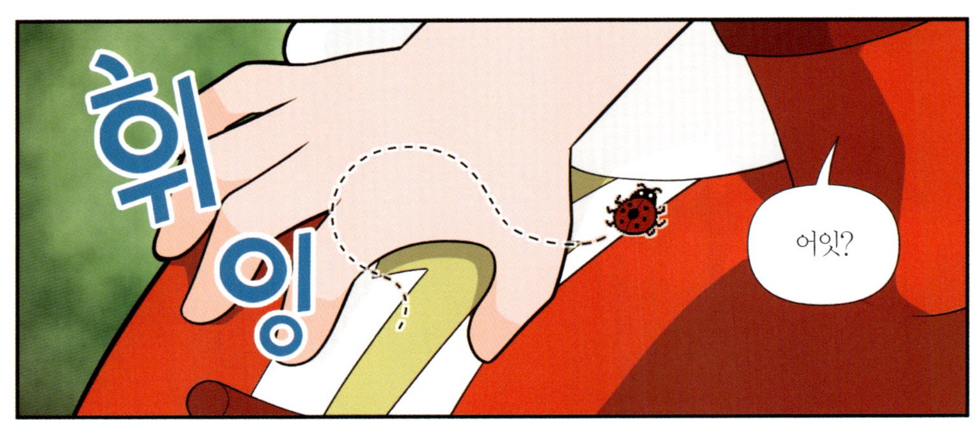
휘잉
어잇?

척
사락
헉! 뭐야? 벌레 모양이 변했어!
사락
게다가 여러 마리가 됐잖아?
그래도 본체는 딱 한 마리야. 짝이 없는 무당벌레를 찾으면 돼!

솔로 무당벌레 찾기

짝 없이 혼자 있는 무당벌레가 진짜 버그 본체야!
눈을 크게 뜨고 찾아보자!

찾았어!
이 녀석이
진짜 버그야!

근데 어떻게 잡지?
아까처럼 냅다 잡으려다가는
또 도망갈 텐데.

그건
걱정 마!

나한테 버그볼이
있으니까!
이걸로
잡으면 돼!

우아! 그거 꼭
게임 아이템 같다.

이얍!

처억
위이잉!

버그 제거 완료!

우와! 우와! 멋져! 나도 나중에 해 볼래!

우와

지진의 크기

얼마나 강한 지진이 발생했는지 나타내는 방법에는 규모와 진도가 있다. 규모는 지진의 크기 그 자체를 측정한 것이고, 진도는 지역에 따라 다르게 측정되는 크기를 말한다. 진도는 로마 숫자로 표기한다. 우리나라에서는 주로 규모로 지진을 나타내고 있다. 지진의 규모에 따라 *진앙지에서 어떤 피해를 입을 수 있는지 단계별로 알아보자.

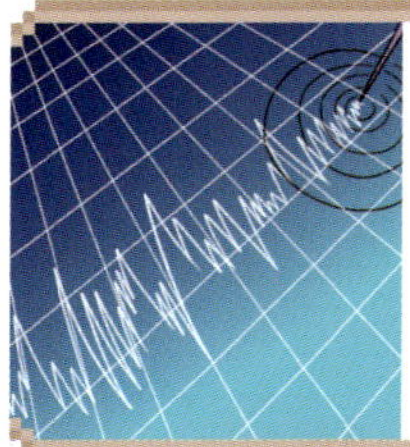

규모 0~1.9
진앙지 진도 Ⅰ

지진 측정 기계로는 감지하지만, 대부분의 사람이 진동을 느끼지는 못함.

규모 2.0~2.9
진앙지 진도 Ⅰ

진앙지의 대부분의 사람이 진동을 느끼며, 전등처럼 매달린 물체가 흔들림.

규모 3.0~3.9
진앙지 진도 Ⅱ~Ⅲ

대형 트럭이 지나갈 때와 비슷한 진동이 느껴짐.

규모 4.0~4.9
진앙지 진도 Ⅳ~Ⅴ

창문이 부서지거나 올려놓은 물체가 떨어짐.

규모 5.0~5.9
진앙지 진도 Ⅵ~Ⅶ

서 있기 힘들고, 가구가 움직이거나 천장, 바닥 일부가 떨어짐.

규모 6.0~6.9
진앙지 진도 Ⅷ~Ⅸ

튼튼한 건물이라도 일부 손상되며, 약한 건물은 큰 피해를 입음.

규모 7.0~7.9
진앙지 진도 Ⅹ

지표면에 균열이 생기며, 건물 기초와 지하 시설이 파괴됨.

규모 8.0 이상
진앙지 진도 Ⅺ~Ⅻ

다리 같은 큰 건축물은 물론 마을 전체가 거의 파괴됨.

* 진앙지 : 단층의 파괴가 일어난 지진의 진원 바로 위 지표면 지점.

건물 안에서의 지진 대처 방법
땅이 흔들릴 때에는 식탁이나 책상 같은 튼튼한 가구 아래에 들어가 몸을 보호한다.
흔들림이 멈추면 가스와 전기를 차단하고 대피한다.
엘리베이터 말고, 계단을 이용해 건물 밖으로 탈출한다.
대피할 때는 바닥에 떨어져 있는 물건에 다치지 않게 신발을 챙겨 신는다.

3장 엉망이 된 도시

지진으로 다른 건물들도 엄청 망가졌어!

도시가 완전 엉망진창이네!

여기 있었다가
저런 표지판에
맞기라도 했다면….
으~! 상상만
해도 끔찍해!
Nice to meet you!
JUST DO IT!
NEW
GOOD LUCK!

지진이 발생하면 건물 안과
마찬가지로 밖에서도 간판,
건물 외벽 구조물이
떨어질 위험이 있어.
그럼 밖에서는
지진에 어떻게
대처해?

야외에는 책상
같이 몸을 보호할
가구가 잘 없잖아.
응. 그래서 최대한
가방이나 손으로
머리를 보호하고 빠르게
대피해야 해. 그리고….

위이잉~ 위이잉!
이건
긴급 신호 아냐?
긴급 재난
방송입니다!
여진 발생이 예상되오니
특별히 주의하기 바랍니다!
여진?

지진은 보통 한 번 발생하고 마는 게 아니라 연속해서 일어나는 특성이 있는데, 그중 가장 규모가 큰 지진을 본진이라고 해.

우리가 방금 전에 겪은 큰 흔들림이 본진이구나.

그리고 본진 이후에 일어나는 작은 지진들을 여진이라고 해. 보통 큰 본진 이후에는 여진이 여러 날 계속 발생하지.

히익! 그럼 언제든 지진이 또 일어날 수 있다는 거네!

다시 한 번 알려 드립니다!
여진 발생이 예상되오니
지금 즉시 대피 장소로 이동 바랍니다.
대피 장소는….
지지직뚝
엇! 방송이 끊겼어!
대피 장소 어쩌고 했는데….
내가 아까 말하려고 했는데, 보통 지진이 발생하면 건물에서 나와 정해진 대피 장소로 이동하는 게 순서야!
그럼 우리도 대피 장소로 가야 할까?
그게 좋겠어. 여기는 언제 또 구조물이 떨어질지 몰라. 너무 위험해!

하필 대피 장소를 알려 주던 순간에 방송이 끊겨서 어디로 가야 할지 모르잖아.

대피 장소를 정하는 조건이 있어.

내 휴대폰으로 대피 장소 조건을 검색해서, 지도에서 그 조건에 맞는 곳을 고르자!

대피 장소는 어디?

아래 대피 장소의 조건을 보고, 지도에서 이에 알맞은 장소를 찾아보자.

- 여러 사람이 들어갈 수 있을 만큼 공간이 넓어야 한다.
- 떨어질 만한 구조물이 없어야 한다.
- 근처에 높은 건물이 없어야 한다.
- 현재 나의 위치와 최대한 가까워야 한다.

① A공원
② 학교 운동장
③ B공원
④ 놀이공원
⑤ C공원
⑥ 지하철역

현재 탁주
쪼꼬 위치

공사중

그렇다면
대피 장소는 여기야!
B공원!

③ B공원
⑤ C공원

여기가 가장 안전한
장소라는 거네!

오! 똑똑한데.
어서 그 공원으로
이동하자!

아냐! 지진이 날 때는 자동차, 지하철 같은 교통수단을 이용하면 안 돼.
에엥? 어째서?

자동차는 운전을 하다가 부서진 도로나, 복잡한 교통 상황 때문에 오히려 사고가 날 수 있고….

지하철은 주변이
무너져 내릴 수 있거든.

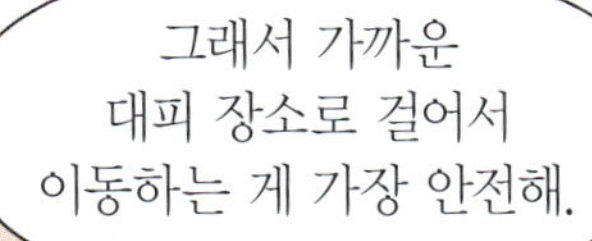

사람들이
다 어디 갔나 했더니
여기 있었구나.

다들
지쳐 보여.

다친
사람들도 있고.

거짓말!

왁자지껄

저쪽에 무슨 일이 있나? 소란스러운데?

당신은 이미 물품을 받아갔잖아! 내가 잠깐 내려놓은 사이에 내 걸 가져가려고?

무슨 소리야. 이건 내가 방금 처음 받은 거라고!

*이재민들한테 구호 물품을 나눠 주고 있는데, 저기 두 명이 물품을 두고 서로 자기 거라고 우기면서 싸움이 난 거야.
어휴! 분명 주인이 있을 텐데….
둘 중에 한 명은 거짓말을 하고 있는데, 도대체 누가 거짓말하는지 모르겠네.
흐음, 잠깐 제가 얘기를 들어 볼게요. 말 속에 단서가 있을 거예요!
*이재민 : 재해를 입은 사람.
난 다친 아이들이 있어! 이 봐. 애들을 돌보느라 손이 흙투성이잖아. 빨리 아이들한테 식량을 가지고 돌아가야 해!
난 물품을 빨리 받으려고 새벽부터 씻고 와서 기다렸거든! 근데 네가 내 물품을 가로채려고 한 거잖아!
생수
축석밥
라면

반짝
아하!
알겠다!

거짓말하는 사람은
초록 주민 당신이에요!
뭐, 뭐라고?

어째서
저 주민이 거짓말을
했다는 거야?
박스를
잘 봐.
엇! 박스에
손자국이 있어!
라면
라면
즉석
즉석 밥

노랑 주민은
'손이 흙투성이'고,
초록 주민은 '씻고'
나왔다고 했잖아!

박스에 손자국이
있으니 노랑 주민이
받은 박스구나!

헉!

휴, 고마워.
덕분에 살았어.
뭘요!
이 정도는
기본이죠!

너희 머리가
꽤 좋은 거 같은데,
부탁 하나만
들어주지 않을래?

지금 이 대피소는 네 가구가
한 구역으로 묶여 있어.
그래서 네 가구가 구호 물품을
공평하게 나눠 가져야 하는데,
물건이 다 뒤섞여 있는 데다 봉사자가
턱없이 부족하거든….

그러니까 저희가
대신 공평하게
나눠 드리라는 거죠?
그래. 맞아!
더 이상 싸움이 나지 않게,
누가 봐도 공평하게 부탁해!
저희만
믿으세요!

구호 물품 공평하게 나누기

네 가구에 각각 구호 물품이 공평하게 나눠지도록 빈칸을 채워 보자!
단, 전체 가로줄과 세로줄에도 물품이 서로 겹치지 않아야 한다.

탁주와 쪼꼬는 대피소 이곳저곳을 돌며 이재민들에게 구호 물품을 나눠 주었어.

힘내세요!

고마워!

곧 모든 게
좋아질 거예요!

잘 쓸게!

휴!
다했다.

대피소를 관리하는 것도
보통 일이 아니구나.

응. 그래서 재난 대피소에는
자원 봉사자들이 꼭 필요한데,
여기저기서 지진이 일어나니
지원자들이 많이 부족해.

자, 그럼 대피소
일도 도왔으니,
우리도 다시 임무에
착수해 볼까?
탁탁
아! 맞다.

우리의 진짜
임무는 따로 있었지!
그래.
버그 잡기!

다음 버그는
어디에 있어?
바로
확인해 볼게!

삐빅
두 번째 버그 위치가 감지됐어!
버그발견
바다에 있는데?
바다에 벌레라니, 좀 이상하다….
그래도 가서 직접 확인해 봐야지!
응. 일단 부딪쳐 보자!

다양한 지진 피해

인명 피해
떨어지는 물체에 맞아 다침.
갈라진 도로 틈으로 넘어지거나 빠짐.

재산 피해
주택과 가구,
자동차 등이 파손됨.

산업 피해
전기, 가스, 인터넷, 교통 등
공공 시스템이 고장 나 멈춤.
원자력 발전소의 건물이 파괴될 경우
그로 인한 방사능 유출 같은
2차 피해가 뒤따름.

건물 밖에서의 지진 대처 방법
손이나 가방으로
급소인 머리를 가리고,
간판처럼 떨어질 수 있는
구조물 밑을 피해 이동한다.
이동할 때는 자동차를
이용하지 않는다.
만약 이미 자동차를 이용 중이라면?
•비상등을 켜고 서서히 속도를 줄여
도로 오른쪽에 차를 세운다.
•차에 열쇠를 꽂아 두고
차 밖으로 대피한다.
공원이나 운동장 같은
정해진 대피 장소로
이동한다.
대피 장소에서는
정부의 안내 규칙을
계속 확인하고 질서를 지킨다.

4장 바다에도 지진이?

탁주와 쪼꼬, 러브는 두 번째 버그를 쫓아 바닷가 마을에 도착했어.

와, 바다다!
수영하고 싶다!

우리
놀러 온 거 아냐.
정신 차려!

버그 위치가
바다 한가운데로 찍혀서
거기로 가야 할 것
같은데….

당연히
수영으로는
못 가겠지?

아, 배를
빌리자!

바다호

부우웅
탁주 일행은 작은 배를 빌려
바다 한가운데로 나갔지.
와~.
달려!
달려!
괜히
설레네!
결국 둘 다
신났네~!
신났어.
얘들아, 도착했다!
여기가 너희가
말한 위치야.
쓰레기 말고는
아무것도 없는데?
여기 맞아?
응. 바로 근처에서
버그가 감지되고 있어.

근데 저 건물은 뭐지?
아, 저건 물고기를 키우던 양식장인데, 주인이 지진으로 다치는 바람에 물고기도 다 죽고 버려졌어.
그래서 관리가 안 되고, 주변에 쓰레기도 많은 거구나.

와,
온갖 쓰레기가 둥둥 떠다녀.
죽은 물고기도 많네.
그리고 작은 건물이랑
그 위에 잠자리가….

바다 한가운데에 잠자리?
분명히 버그야!
응! 버그가 확실해!
이 잠자리도 모양이
특이하거든!
그럼
얼른 잡자!

이번엔 내가 잡을게!
나도 버그볼
던져 보고 싶었어!
읏차!
휙
탁!

거기 딱 기다려!
내가 폼 나게
잡아 줄게!
팟!

우잉!
피잉-

푸슈슈
파다닥
꺄아아악!
죽은 물고기들이
움직여!
이게
무슨 일이야!
잠자리 버그가
우리를 방해하려고
기술을 쓴 거야!
어허!
이렇게
나온다 이거지?

이 정도는 가뿐히 피해 주겠어!
휙
휘익
이얍!
휘익
슈우웅
탁!

갑자기 바닥이 흔들리는 바람에 쪼꼬는
그만 버그볼을 떨어뜨리고 말았어.

멈춰!
내 버그볼!

데구르르

타닥

버그볼이
바다에
빠져 버리겠어!

tsunami

후유, 하마터면 내가 바다에 빠질 뻔했어!

털썩

어떻게 된 거야? 이것도 버그 짓인가?

그건 말이 안 돼. 이미 버그볼에 잡혔는데 어떻게….

아, 이건 양식장에 원래 있던 장치야.
누가 물고기를 함부로 가져가지 못하게 하려고 설치한 함정 같은 거지.
어쩌지? 버그볼을 주워 가야 하는데!
안전한 발판은 따로 있어. 그것만 밟으면서 가면 돼.
안전한 발판이 뭔지 어떻게 알아요?
저기 안내판이 있네!
쪼꼬야! 안내문대로 안전한 발판만 밟아서 이동해야 해!
알겠어! 어떻게 가면 되는지 알려 줘!

안전한 발판 밟아 이동하기

아래 안내문을 보고,
버그볼이 있는 위치까지 안전한 발판만 밟아 이동하자!

쪼꼬는 러브와 탁주의 설명에 따라 안전한 발판만 밟으며 이동했어.
바다 생물이 그려진 발판만 밟아야 해! 꽃게 그림을 밟아.
타
닥
오케이!

그리고 tsunami, 영어 알파벳이 들어간 발판은 밟으면 안 돼! 거북 그림을 밟아.
응!

마침내 쪼꼬는 버그볼을 다시 손에 넣을 수 있었어.
좋았어! 버그볼을 주웠어!
그럼 이제 배로 돌아와!

*해일 : 해저의 지각 변동이나 해상의 기상 변화에 의하여 갑자기 바닷물이 크게 일어서 육지로 넘쳐 들어오는 것.

지진해일은 평범한 파도가 아니야. 마을 하나를 통째로 집어삼킬 만큼 규모가 크거든.

2011년 일본에서는 지진해일로, 최대 10m 높이의 파도가 마을을 덮쳐 만 명 이상이 목숨을 잃었어.

헉!
지진해일
경보가
내려졌어!

긴급재난문자

긴급재난문자

지진해일 발생 가능성이
있으니 대피하시기 바랍니다.

야!
말이 씨가
됐잖아!
어떡해!
엥?
지진해일
얘길 꺼낸 건
오빠잖아!
그만, 그만!
우리 지금 갈 길이
바쁘다고~!

지진해일이 일어날 때
바다 위에 있는 건 너무 위험해!
빨리 육지로 이동하자!
그런데 육지로 가도
지진해일이 덮치면
위험하잖아.

응.
그래서 언덕이나
산 같은 높은 지대로
대피해야 해.

마침 마지막 버그의 위치도 근처 산에서 감지되고 있었어.
마지막 버그도 근처 산 정상에 있다니까, 우리도 산으로 대피하자!
버그발견
잘됐네!

어서 바다에서 벗어나야 해요! 당장 출발해 주세요!
아, 알겠어!
팍!

부릉부릉!!
어? 왜 배가 안 움직이지?

엑!
갑자기
연기가 나!

푸슈슈웅!

부웅부웅!

큰일이야!
프로펠러가
고장 났어!

휴, 완전히 조각났네…. 어쩌지?

자세히 보니까 우리 배 말고 다른 배에서 부서져 나온 프로펠러 조각들도 마구 섞여 있어!

프로펠러 조각을 맞춰라!

무시무시한 지진해일을 피하기 위해서는 부서진 프로펠러를 고쳐야 해!
여러 조각 중 빈자리에 맞는 조각을 찾아 줘!

① ② ③ ④

가 나 다 라 마 바 사 아 자

선장님!
조각을
다 맞췄어요!
오오!

좋아!
프로펠러를 달았어!

선장님!
빨리 출발해 주세요!
언제 지진해일이
일어날지 몰라요!
알겠어!

이번엔 정말
출발이다!
부우우웅
드디어 움직인다!
휴! 정말
다행이야!

지진해일 발생 과정

지진해일을 왜 쓰나미라고 부를까?

한국에서는 지진해일이란 단어를 사용하지만, 국제적 공식 명칭은 쓰나미다. 쓰나미는 "지진파도"라는 의미의 일본어다. 지진이 잦은 일본에서 1930년대 처음으로 이 단어가 생겨나 사용되다가, 1963년 공식 국제 용어로 선택되었다.

지진해일 대처 방법
대피소
가 지진해일 경보가 발생하면 즉시 바닷가에서 벗어난다.
나 지진해일 긴급 대피 장소나, 튼튼한 건물의 3층 이상, 혹은 10m 이상의 산으로 대피한다.
다 대피 후에는? 지진해일은 보통 한 번으로 끝나지 않고 몇 시간 동안 반복될 수 있으므로, 경보가 끝날 때까지 안전하게 대피 장소에서 기다린다.
지진해일 TSUNAMI 대피로 200m
지진해일 TSUNAMI 긴급대피장소 EMERGENCY ASSEMBLY AREA (Tsunami)
이곳은 지진해일 발생에 대비하여 지정된 긴급대피장소입니다.
119 구급대

5장 생존 가방 꾸리기
WATER
WATER
참치
참치
참치

무사히 데려다주셔서 감사합니다!
우여곡절 끝에 육지에 도착한 탁주와 쪼꼬는 선장님과 작별인사를 나눴어.
고맙습니다!
그래. 너희도 어서 대피하렴! 행운을 빌게!

자, 그럼 우리는 산으로 이동해 볼까?
응! 대피도 하고, 버그도 잡고! 두 마리 토끼를 다 잡자고!
잠깐! 그 전에 필요한 게 있어!

생존 가방을
싸야 해.
생존 가방?

재난이 발생했을 때
살아남기 위해 필요한
최소한의 물품을 챙긴 가방이야.

원래는 재난이 일어나기
전에 미리 생존 가방을
챙겨 놓았다가 필요할 때
바로 써야 해.
근데 우린 미처
대비하지 못했으니까
지금이라도 챙기자!
아! 우리가 혹시
산으로 대피했다가
거기 며칠 머무르게
될 수도 있잖아.
그때 유용하겠다!

그럼 생존 가방에
필요한 물건은
어떻게 구하지?
아~! 이럴 때
인터넷 쇼핑만
할 수 있음 딱인데!
근처에 대형 마트가 있어.
거기에 가서 필요한
물건을 사자!

하트 마트
하트 마트
헉!
이게 다 뭐야!
마트 안은 진열대에 있는 물건들이
바닥으로 떨어져 엉망진창이었어.
라면
물건들이 왜
바닥에 있는 거지?
라면
직원이 나처럼
정리정돈을
싫어하나?
그게 아니라, 지진
때문에 물건들이 바닥으로
떨어져서 그래!
Coke
Coke

시간을 아끼려면 나눠서 찾는 게 좋겠어.

좋아! 그럼 난 목록 아래쪽을 맡을게.

나는 목록 위쪽에 있는 물건을 찾을게.

생존 가방에 필요한 물건 찾기

생존 가방 물품 목록에서 표시한 물건을 아래에서 찾아보자.

일행은 각자 찾아온 물건을 바닥에 펼쳐 놓고 가방을 쌀 준비를 했어.

웃차!
가방은 힘센
탁주 님께서 들게!

오오~! 이럴 땐
진짜 오빠 같은데!

어서 산으로
이동하자!

버그가 있는 산에 도착한 일행은 정상을 향해 걷기 시작했어.

에고,
다리 아파….

좀만 힘내!
올라가서
마지막 버그만
잡으면 다 끝나!

근데 아까부터
저렇게 무너져 내린 곳이
많이 보이네….
지진의 충격으로
산사태가 나서 그래.
산사태는 산의
흙이나 바위가
흘러내리는 거지?
응. 지진이 난 뒤에는
땅이 약해져 있기
때문에 산사태가 쉽게
일어날 수 있어.
혹시 바위나 흙이
무너지지는 않는지
살피면서 조심히
올라가야겠다.
내가 매의
눈으로 살필게!

그런데 웬일인지 점점 러브가 뒤쳐졌어.
얼굴빛도 나빠졌지.

헉헉…!

왜 그래?

너무 힘들어 보이는데,
어디 아파?

러브는 손목이 부어오르기 시작했어.
탁주와 쪼꼬는 당황해 허둥지둥했지.

러브는 당황한 아이들을 진정시키려고 차분히 말했어.
얘들아, 진정해! 이럴 때일수록 차분해야 해!
응급 처치부터 해야 하니까 천천히 내가 시키는 대로 따라 줘!
끄덕
으, 응! 알았어!
끄덕

우선 가방에서 구급함을 꺼내 봐.
응! 여기 있어!

응급 처치로 일단 파스를 뿌려 열감을 내리고….

그 후에는 최대한
다친 부위가 흔들리지
않도록 고정시켜야 해.
주변에
단단한 나뭇가지가
있나 살펴봐!

탁주와 쪼꼬는 러브의 말대로 임시 깁스를 만들 재료를 찾았어.
이건 너무
약할 거 같고….
이거다!
단단한
나뭇가지!

좋아.
나뭇가지를 팔에 대고
테이프로 고정해 줘!
찌익!

그리고 붕대로
팔을 감아 주면 돼.
오케이!
나한테 맡겨!
휘익
휘리릭

이렇게 느슨하게 감으면
고정이 안 되잖아.
붕대는 피가 통할 정도의
여유만 주고 단단히 감아야 해.
헤헤.
내 스타일이
여기선 안 먹히네!
엉성
느슨...

으휴, 비켜 봐!
내가 할게!
칫, 알겠어!

일행은 잠깐 쉬기로 했어.

항상 수분은 조금씩이라도 보충해야 해!

역시 단 게 최고! 힘이 솟아나!

탁주와 쪼꼬, 러브는 다시 산을 오르기 시작했어.

역시 쉬면서 에너지를 보충하니까 훨씬 낫네.

그래도 무리하지 말고 천천히 걸어!

탁주와 쪼꼬 앞에 갈림길이 나타났어.

둘 중에 어디로 가야 하지?

여기 표지판 좀 봐. 지도가 그려져 있네!

하나는 안전한 길, 다른 하나는 위험한 길인가 봐!

길을 표시한 팻말이 바닥에 떨어져 있었어.

아무래도 지진 때문에 길 이름이 적힌 팻말이 떨어진 것 같아!

안전한 길

위험한 길

엇, 진짜네! 그럼 어떻게 안전한 길을 찾지?

안전한 길 찾기

두 그림을 비교해 보고 어떤 쪽이 안전한 길인지 생각해 보자!

우선 왼쪽 길의 들개는 울타리가 쳐져 있어서 길로 내려올 확률이 적어. 그리고 작은 샘물만 있지.

반면에 오른쪽 길은 빠르게 흐르는 계곡이 있어서 산사태 위험이 높고, 결정적으로….

크아아~
이 나무에 있는 발톱 자국을 봐! 곰 같은 큰 동물이 남긴 게 분명해!
헉! 곰은 절대 만나면 안 되지!
그러니까 왼쪽이 비록 좀 돌아가긴 해도 훨씬 안전한 길이야!
알겠어! 왼쪽 길로 가자!

생존 가방 싸기 규칙

재난 상황에 대비해 생존 가방을 쌀 때도 규칙이 있다. 어떤 내용인지 알아보자.

- 재난 상황이 끝나거나, 구조될 수 있는 시간을 고려해, 72시간(3일) 버틸 수 있는 양을 챙긴다.
- 오락, 미용 물품은 제외하고 생존에 반드시 필요한 물품만 챙긴다.
- 물품의 쓰임새가 서로 겹치지 않아야 한다.
- 가방의 무게는 체중의 약 10~20% 정도가 적절하므로 부피가 크거나 무거운 물품은 뺀다.

쪼꼬의 생존 가방

생존 가방 싸기 규칙을 보고 쪼꼬의 생존 가방에서 빼야 할 물건 두 가지를 찾아봐!

부상 응급 처치 방법

지진 같은 재난이 발생하면 부상을 당하는 경우가 많다. 이럴 때 바로 할 수 있는 응급 처치에 대해 알아보자.

손발의 근육이나 뼈가 다쳤을 때

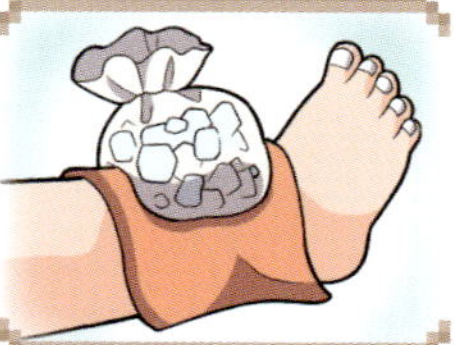

통증 부위에 얼음찜질을 해 부기와 열을 낮춘다.

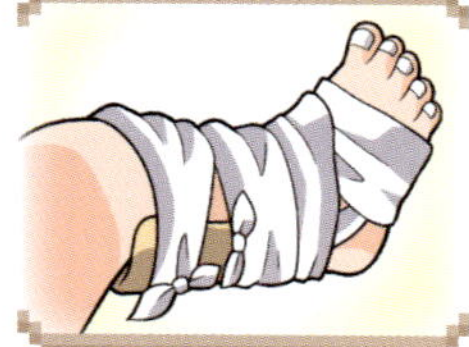

나무를 대 고정하고 붕대를 감아 압박한다.

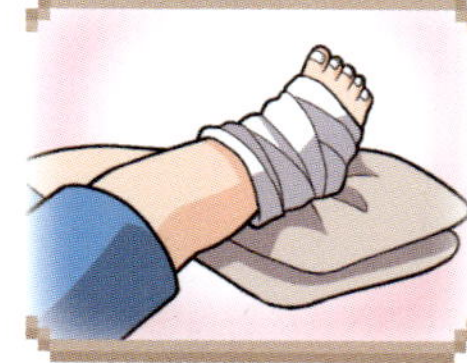

발을 심장보다 높이 두고 휴식한다.

피부가 찢어졌을 때

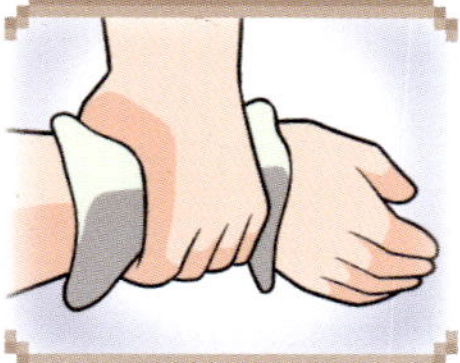

깨끗한 수건이나 거즈로 상처 부위를 압박하여 피가 멈추도록 한다.

피가 멈추면 깨끗한 물을 상처 부위에 흘려 오염 물질을 닦아 낸다.

거즈를 대고 붕대로 감아 고정한다.

저체온증에 걸렸을 때

환자의 젖은 옷을 벗기고 담요로 감싸 준다.

겨드랑이나 배 위에 따뜻한 팩이나 물통을 대 준다.

의식이 있는 경우에만 따뜻한 음료를 마시게 한다.

6장 지진은 이제 그만!

탁주 일행은 왼쪽 길을 선택해 무사히 정상에 도착했어.
그 순간 지진해일이 마을을 덮쳤지.

쏴아아

앗! 지진해일이 결국 마을을 덮쳤어!

집이 장난감처럼 쓸려 내려가!

쿠웅!

우르릉

으아악! 이러다 정말 다 망하게 생겼다!

지진까지 계속 일어나잖아! 윽! 정신없어!

흔들

흔들

일행은 각자 흩어져서 버그를 찾았어.
그런데 갑자기 쪼꼬의 비명이 들렸어!

도대체 버그는 어디 있는 거야?

꺄악~!

뒤적

뒤적

비명이 들리는 곳으로 가 보니, 쪼꼬가 대왕 거미줄에 휘감겨 꼼짝 못 하고 있었어.

헉! 이건 거미줄이잖아? 어쩌다 여기 걸린 거야?

신기해서 좀 만져 보려다가…. 흐엉!

어휴, 못 말려! 근데 세상에 이렇게 큰 거미줄도 있나?

예상대로 엄청난 크기의 거미가 나타났어.

모양이 딱 버그야! 단지 기술을 써서 저렇게 커진 거야!

끄악! 진짜 왕거미다!

쿠와왁!

그냥 거미도 싫은데 대왕 거미라니! 나 죽어~!!

크와아왁!
꺄아!
거미가 쪼꼬를
공격하려고 해!
당장 버그를
잡자!
근데 어떻게?
무턱대고 덤비기엔
너무 크잖아!
쪼꼬 안전이
제일 중요하니까
쪼꼬부터
거미줄에서 꺼내자!

스르륵

쿠아왁!

꺄악! 오빠!
빨리 어떻게 좀
해 봐!

쪼꼬를 구하고, 거미 버그의 약점을 노려라!

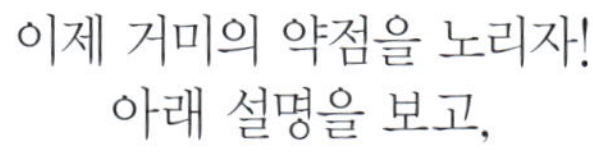

규모 ㅁ 이상의 지진으로 ○○ 같은 큰 건축물은 물론 마을 전체가 거의 파괴된다.

1. ㅁ개의 개수를 가진 부위다.
2. ○○와 발음이 같은 부위다.
3. 거미의 오른쪽이 아니고, 첫 번째 다음에 있다.

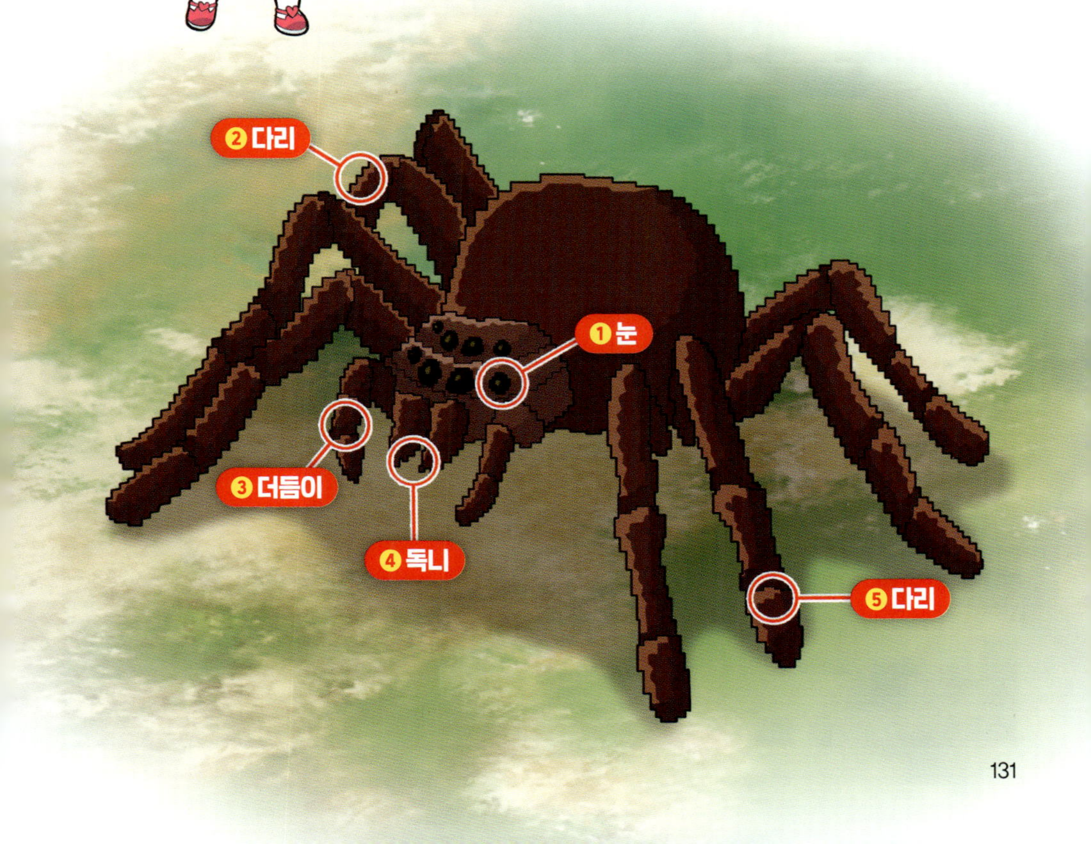

① 눈
② 다리
③ 더듬이
④ 독니
⑤ 다리

다리 8개
눈 8개
더듬이 2개
독니 2개

우선 1번 조건을 보면, 약점은 다리 아니면 눈이야.

맞아! ㅁ에 들어갈 숫자가 8이거든. 더듬이와 독니는 모두 2개이고, 눈과 다리는 8개니까!

그리고 마지막
조건에서 오른쪽이
아니라고 했으니까 왼쪽!
그리고 첫 번째
다음은 두 번째니까
거미의 약점은….

왼쪽 두 번째
다리네!

❷ 다리
❶ 눈
❸ 더듬이
❹ 독니
❺ 다리

탁주는 곧바로 거미의 약점을 향해 버그볼을 조준했어.

어서 약점에
버그볼을 던져!

타앗

알겠어!

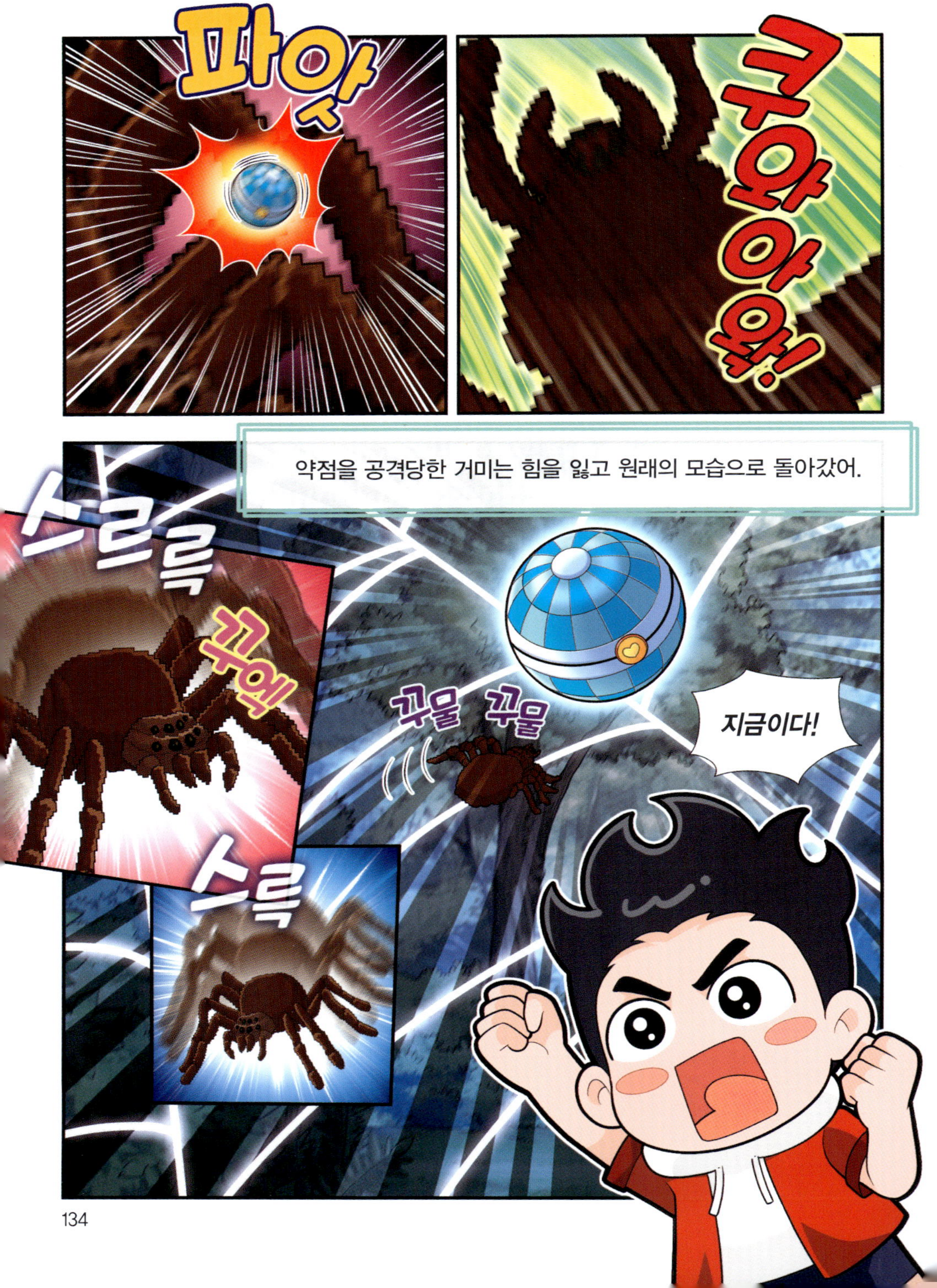

약점을 공격당한 거미는 힘을 잃고 원래의 모습으로 돌아갔어.

슈우우욱
됐다!

착
드디어 마지막
버그까지 잡았어!

와아!
우리가 해냈어!
버그를 다 제거했으니까
이제 좀 달라지겠지?

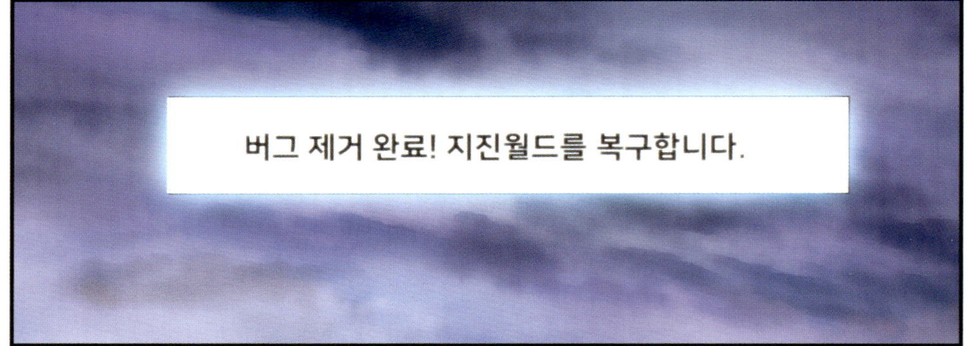

오오!
먹구름이 걷히고
있어!

화라라

저 빛은
뭘까?

우와아!!
빛이 훑고
지나가는 곳은 모두
고쳐지고 있어!
버그가 없어지니까
모든 게 원래대로
돌아가는 거야!

얼마 후. 월드에는 다시 평화가 찾아왔어.
피스월드 수도, 하트시티.
와, 하트시티가 원래는 이런 모습이었구나! 진짜 화려하고 멋지다!
이제부터는 평생 지진 걱정 없이 안심하고 살면 되겠다!
무슨 소리! 자연재해는 언제든지 다시 일어날 수 있어!
오히려 이번 일을 겪고 나니까, 이렇게 평화로울 때야말로 미리 지진에 대비해야 한다고 느꼈는걸!
그것도 맞네! 소 잃고 외양간 고치는 건 그만해야지!
근데 지진을 어떻게 대비해?

국가에서 지진을 평소에 잘 연구하고 관측해서 지진이 발생했을 때 빨리 알아차리는 거야.

그러면 사람들에게 재난 문자, 방송을 통해 재빨리 적절한 대처 방법을 안내할 수 있으니까!

그리고 평소에 자주 지진 대피 훈련을 열어서, 대처법을 익히도록 해야겠지.

긴급재난문자

튼튼하게 건물을 짓는 것도 중요해. 이렇게 지진에 견디도록 건물을 짓는 걸 '내진 설계'라고 해!
하암! 근데 나 너무 졸려….
나도. 긴장이 풀려서 그런가.

어허! 중요한 얘기를 하고 있는데, 잘 들어야지!
어차피 한국은 지진에서 안전한 나라잖아.
그러니까 우린 몰라도 되는 거 아냐?

전혀 아니거든! 한국도 지진에서 안전하지 않아.
진짜?

한국에서도 규모 4.5 이상의 지진이 많이 일어났어.
그리고 점점 더 자주 일어나는 모양새지.

최근 한국의 지진 발생 상황

❶ 규모 5.8 2016년 9월 12일 (경북 경주시 남남서쪽)
❷ 규모 5.4 2017년 11월 15일 (경북 포항시 북구)
❸ 규모 5.1 2016년 9월 12일 (경북 경주시 남남서쪽)
규모 5.1 2014년 4월 1일 (충남 태안군 해역)
❹ 규모 5.0 2016년 7월 5일 (울산 동구 동쪽 해역)
❺ 규모 4.9 2021년 12월 14일 (제주 서귀포시 해역)
규모 4.9 2013년 5월 18일 (인천 백령도 해역)
규모 4.9 2013년 4월 21일 (전남 신안군 흑산면 해역)
❻ 규모 4.8 2024년 6월 12일 (전북 부안군 남남서쪽)
❼ 규모 4.6 2018년 2월 11일 (경북 포항시 북구)
❽ 규모 4.5 2023년 5월 15일 (강원 동해시 북동쪽 해역)
규모 4.5 2016년 9월 19일 (경북 경주시 남남서쪽)

물론! 그냥 말하면
재미없으니까
퀴즈로 알려 줄게!
맞혀 봐!
에이~.
치사하게!
그냥 알려 주지!
book
대신 맞히는
사람한테는
선물이 있어!
선물~?!
뽕!
그렇다면 당장
도전하겠습니다!
이런 건
절대 안 지지!

지진 피해 예방법이 아닌 것

우리가 평소에 실천할 수 있는 피해 예방법으로 옳지 않은 상황은 어떤 걸까?
정답은 두 개니까 잘 고르자!

파팟
알겠다!
나도, 나도!
쪼꼬가
한발 빨랐어!

우선 1번!
접시같이 떨어져서 깨지는
물건은 높은 곳이 아니라,
떨어지지 않을 만한 공간에
넣어 둬야 해!
오, 정확해!

그리고 다른
하나는 5번!
나도
아는데~
그 이유는?

그건 잘
모르겠는데….

긁적

지진으로 난로가 넘어지면
화재가 날 수 있거든.
그러니까 필요할 때만 켜고
사람이 주위에 없을 때는
끄는 게 좋아.

뭐, 부족한
느낌은 들지만
어쨌든 정답은 맞혔으니까
선물은 쪼꼬에게 줄게!
집에 가서 풀어 봐!

아싸!
고마워!

러브는 탁주와 쪼꼬를 위해
현실 세계로 가는 문을 열어 줬어.

버그가 다 제거돼서
출구도 고쳐졌어.
이제 여기로 들어가면
집으로 돌아갈 수 있어!

탁주와 쪼꼬는 씩씩하게 집으로 돌아갔어.

선물 가지려면 빨리 와라!

오빠! 같이 가!

–1권 끝–

일상생활 속 지진 피해 예방법

우리가 집에서 쉽게 실천할 수 있는 지진 피해 예방법에 대해 살펴보자.

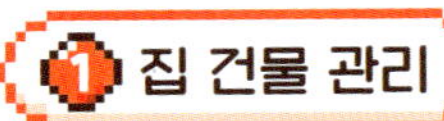

1 집 건물 관리

- 가스, 전기, 수도 같은 기본 시설을 평소에 검사한다.
- 건물의 담장이나 벽에 갈라진 곳을 발견하면 즉시 전문가를 불러 수리한다.

2 집 안에서의 안전 확보

- 가구가 흔들려 넘어지지 않도록 고정하고, 꽃병, 그릇 등 떨어져서 깨지기 쉬운 물건은 높은 곳에 두지 않는다.
- 창문은 안전 필름을 붙여 유리가 깨져도 흩어지지 않도록 한다.
- 난로처럼 화재를 일으킬 수 있는 물품은 주의하여 관리한다.

3 비상 용품 준비

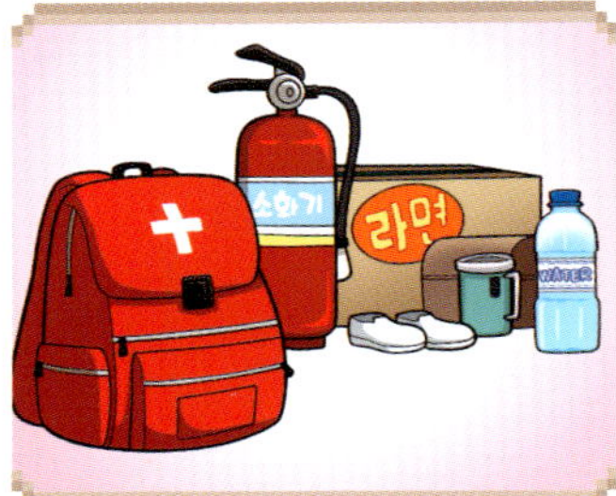

- 집에 적당한 양의 물과 비상 식품을 확보해 둔다.
- 구급함이나 생존 가방을 잘 보이는 곳에 둔다.
- 소화기를 필수로 마련해 놓고, 고장이 나지 않았는지 살핀다.

4 가족회의를 통한 위급 상황 대비

- 서로 떨어졌을 때를 대비하여 만날 곳, 연락할 방법을 미리 정한다.
- 집과 가까운 대피소의 위치를 파악해 둔다.

비하인드 스토리

퀴즈 정답

27쪽

29쪽

43쪽

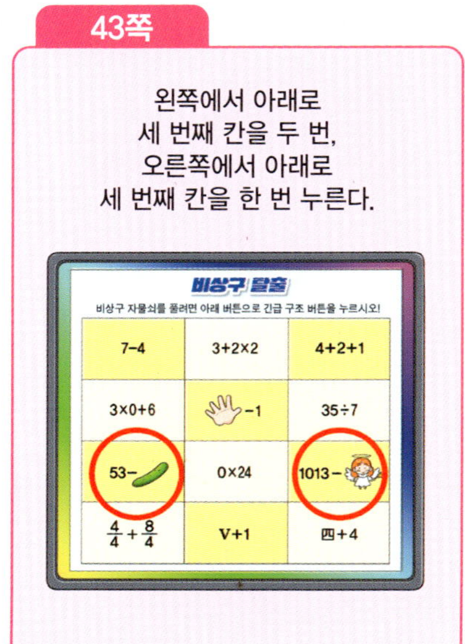

왼쪽에서 아래로
세 번째 칸을 두 번,
오른쪽에서 아래로
세 번째 칸을 한 번 누른다.

7−4	3+2×2	4+2+1
3×0+6	−1	35÷7
53−	0×24	1013−
$\frac{4}{4}+\frac{8}{4}$	V+1	四+4

51쪽

62쪽

72쪽

88쪽

97쪽

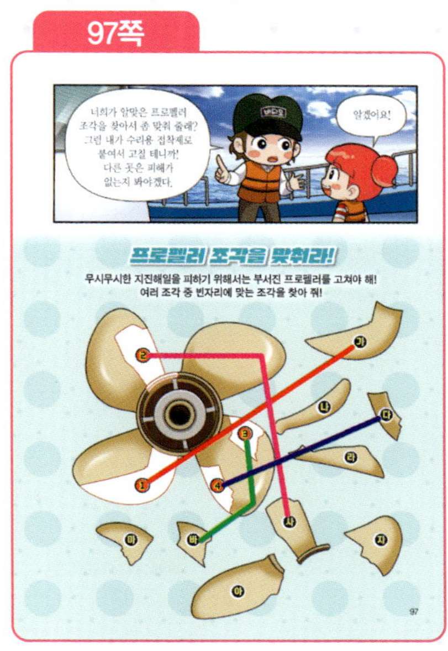

퀴즈 정답

106쪽

119쪽

122쪽

탁주 쪼꼬의 생존 가이드

생존 가방 싸기 규칙

재난 상황에 대비해 생존 가방을 쌀 때도 규칙이 있다. 어떤 내용인지 알아보자.

- 재난 상황이 끝나거나, 구조될 수 있는 시간을 고려해, 72시간(3일) 버틸 수 있는 양을 챙긴다.
- 오락, 미용 물품은 제외하고 생존에 반드시 필요한 물품만 챙긴다.
- 물품의 쓰임새가 서로 겹치지 않아야 한다.
- 가방의 무게는 체중의 약 10~20% 정도가 적절하므로 부피가 크거나 무거운 물품은 뺀다.

쪼꼬의 생존 가방

생존 가방 싸기 규칙을 보고 쪼꼬의 생존 가방에서 빼야 할 물건 두 가지를 찾아봐!

122

143쪽

지진 피해 예방법이 아닌 것

우리가 평소에 실천할 수 있는 피해 예방법으로 옳지 않은 상황은 어떤 걸까?
정답은 두 개니까 잘 고르자!

❶ 예쁜 접시들로 집을 꾸며야겠어!
❷ 소화기가 고장 나지 않았나 봐야겠군!
❸ 유리창을 고정해야겠어!
❹ 구급함은 잘 보이는 곳에 둬야지.
❺ 집을 따뜻하게 하려면 난로를 항상 켜 두어야지.

143

130~131쪽

쪼꼬를 구하고, 거미 버그의 약점을 노려라!
우선 쪼꼬부터 구하자! 아래 거미줄 중 쪼꼬와 연결되어 있는 줄을 찾아서 잘라 내야 해!
다음 중 몇 번 줄이 쪼꼬와 연결되어 있을까?
1
2
3
살려 줘!
탁!!
찾았어! 바로 이 줄이야! 여기를 끊을게!
좋았어! 쪼꼬 구하기 완료!
턱
130
이제 거미의 약점을 노리자! 아래 설명을 보고, 이 조건에 맞는 거미의 약점이 어디인지 골라야 해!
규모 ㅁ 이상의 지진으로 ㅇㅇ 같은 큰 건축물은 물론 마을 전체가 거의 파괴된다.
① ㅁ개의 개수를 가진 부위다.
② ㅇㅇ와 발음이 같은 부위다.
③ 거미의 오른쪽이 아니고, 첫 번째 다음에 있다.
② 다리
① 눈
③ 더듬이
④ 독니
⑤ 다리
131

2026년 2월 5일 1판 1쇄 인쇄
2026년 2월 25일 1판 1쇄 발행

원작 탁주쪼꼬
글 이람이
그림 라임스튜디오
감수 홍태경

발행인 황민호
캐릭터비즈사업본부장 석인수
편집장 손재희 **책임편집** 조명숙
디자인 중앙아트그라픽스
발행처 대원씨아이㈜ www.dwci.co.kr
주소 서울시 용산구 한강대로15길 9-12
전화 02-2071-2157(편집) 02-2071-2066(영업)
팩스 02-794-7771
등록번호 1992년 5월 11일 등록 제3-563호

ISBN 979-11-423-4213-4 77400
ISBN 979-11-423-4212-7 (세트)